LE
NAIN ROUGE.

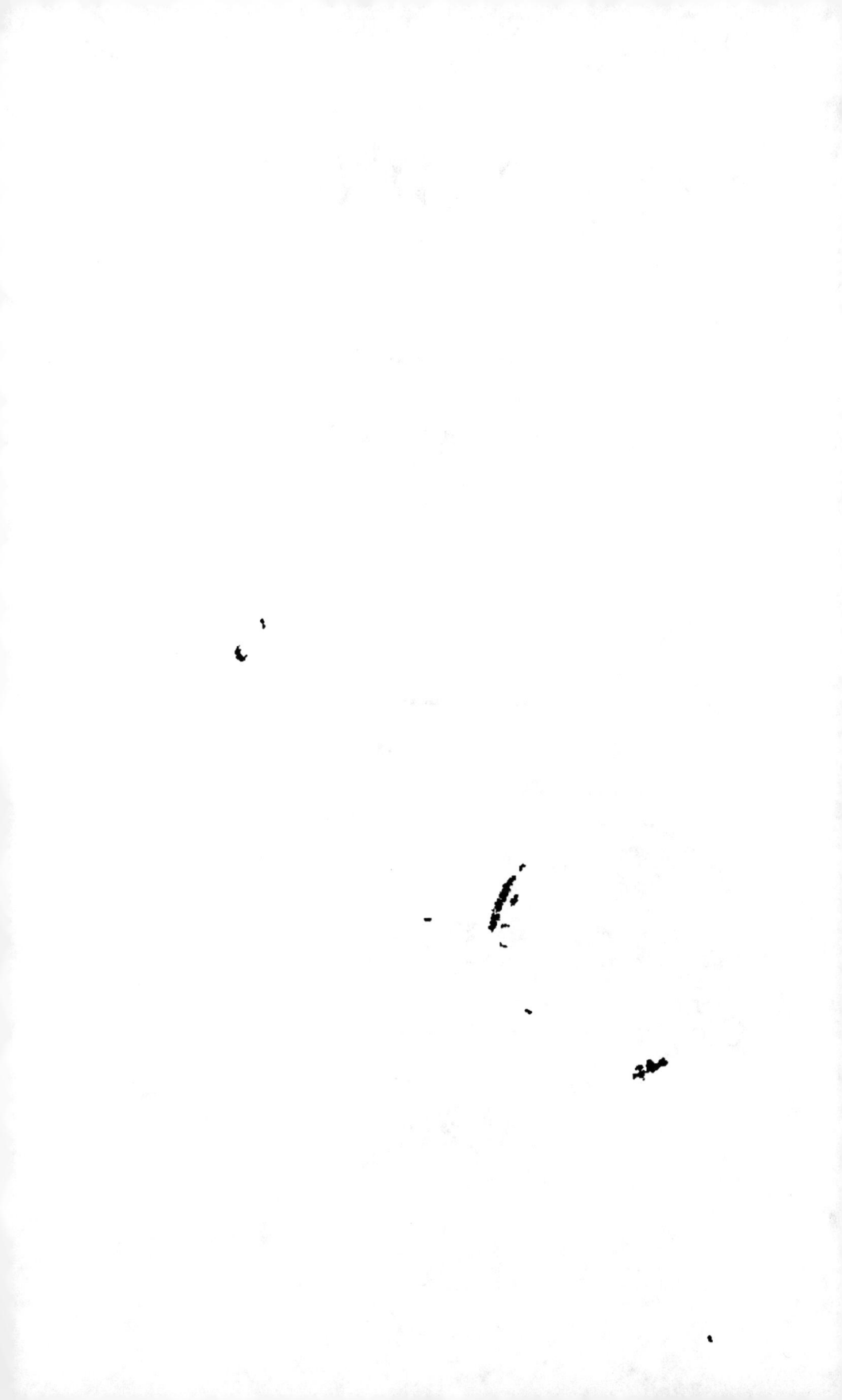

LE
NAIN ROUGE,

Par Raban.

〜〜〜〜〜〜

S O U S   P R E S S E,

Pour paraître incessamment :

LE

NAIN VERT.

PRIX : 25 CENT.

PARIS,

CHEZ TOUS LES Mᵈˢ. DE NOUVEAUTÉS.

1826.

IMPRIMERIE DE SETIER
Cour des Fontaines, n° 7, à Paris.

NAIN ROUGE.

Je ne ressemble guère au père
Duchesne , chers lecteurs , et
pourtant, si je suis *rouge*, en vé-
rité, c'est de colère. Las de vivre
dans la retraite , je résolus de me
montrer , et je voulus voir le
grand jour. « Tout , m'avait - on

dit, tout n'est dans le monde que folie, duplicité, mensonge, hypocrisie, déception ; les mœurs sont effroyables, les lois sont violées ; la force a remplacé le droit : tout se vend, jusqu'aux conscience ; enfin la démoralisation est à son comble.» Mais je ne pouvais croire à cela. Les hommes, pensais-je, ne sont jamais contents, il est de leur nature de désirer sans cesse et de se plaindre toujours : ce sont de grands enfants qui regardent le mal au travers d'un microscope, et qui ferment les yeux sur le bien. J'ai eu à me plaindre du monde, il est vrai, j'ai été persécuté ; et si

quelques voix ont parlé pour moi,
c'était si bas que personne ne l'en-
tendait. Mais parce que les hommes ont fait peu d'attention à
moi, il ne s'en suit pas qu'ils
méritent les reproches que leur
adressent quelques moralistes de
mauvaise humeur : courons donc,
voyons, observons et jugeons...

J'étais déjà à plus de cent pas
de l'hôtel Rivoli, lorsque je pro-
nonçai ces dernières paroles. Le
temps était superbe, j'entrai
dans le jardin des Tuileries, et
je me glissai au milieu d'une
foule de jolies femmes et de per-
sonnages de tous les rangs : un

homme richement habillé, et dé-
coré de plusieurs ordres, fut le
premier qui attira mon attention ;
il se promenait avec gravité , re-
gardait les astres , prenait de
fréquentes prises dans une riche
tabatière , et semblait ne rien
voir de ce qui se passait autour
de lui ; je remarquai cependant
qu'il passait et repassait, sans
cesse , devant une vieille dame
qu'accompagnait un jeune abbé :
la conversation de ces derniers
était très-animée. Le Monsieur
aux cordons perdait peu à peu
quelque chose de son impassibi-
lité : je devinai qu'il voulait être
remarqué du couple dont je

viens de parler, et, très-obligeant
de mon naturel , je tirai le man-
teau de l'abbé ; il poussa un cri ,
la dame leva les yeux , et au même
instant , l'homme aux cordons ,
tirant de sa poche un mouchoir
de batiste , laissa tomber un vo-
lume richement relié : l'abbé le
ramassa , la dame jeta furtive-
ment les yeux sur le titre : c'était
un livre d'*Heures* , qui fut aussitôt réclamé par son proprié-
taire. L'abbé le rendit avec beaucoup de grâce , la vieille regarda
avec un sourire de bienveillance,
le saint homme qui poussait la
piété jusqu'à mettre son mouchoir de poche par-dessus les

louanges du Seigneur, et mon héros, le visage rayonnant comme s'il venait de remporter une victoire, s'éloigna lentement.

Je savais bien, me dis-je aussitôt, qu'une moitié du monde était calomniée par l'autre : les honnêtes gens ne sont pas aussi rares qu'on le croit communément. Voilà un homme capable de me raccommoder tout-à-fait avec l'humanité : je veux le suivre, car j'ai besoin d'être édifié, bien certainement sa conduite achèvera de me prouver que j'ai eu raison de ne pas croire sur

parole les détracteurs du genre
humain.

' L'homme aux cordons arriva
bientôt au bout du jardin ; il tra-
versa la place de la révolution, en-
tra dans les Champs-Elysées, et
se dirigea vers l'allée des Veuves.
Je continuai à le suivre sans en être
remarqué, grâce à la petitesse de
mon individu. Nous arrivons
bientôt près de la porte d'une
petite maison ; le pieux person-
nage tire une clé de sa poche,
fait jouer la serrure avec précau-
tion, et entre précipitamment ;
mais toute sa vivacité ne put cependant m'empêcher de le suivre

dans cette retraite, et, m'élançant
entre les jambes de mon guide,
je me blottis sous un buisson de
roses, d'où, suivant de nouveau
les traces du mystérieux person-
nage, j'arrivai par un petit escalier
dans un joli petit réduit, où tout
respirait la volupté ; un demi-
jour éclairait à regret ce temple
de l'amour, et ce ne fut qu'après
quelques secondes que, retranché
sous un sopha, je pus voir la
déesse de ce lieu : c'était une
jeune personne charmante, à
demi-couchée sur une chaise
longue, elle s'efforçait de regar-
der tendrement le nouveau venu.

« Eh bien ! mon bon, lui dit-elle,

vos démarches ont-elles eu quelque succès ? .....

— Je suis enchanté , ma chère
Anaïs : mes *heures* ont produit un
effet miraculeux ; la duchesse m'a
souri, son directeur m'a regardé
avec bienveillance....... J'aurai la
place.....

— Et ce brave homme qui la
sollicitait depuis si long-temps ,
et qui en 'a besoin pour nourrir
sa famille ?

— Il m'a d'abord inspiré quel-
qu'inquiétude , mais je suis tran-
quille maintenant : j'ai appris qu'il

n'assistait jamais aux sermons de
l'abbé G.....

— A propos, mon ami, vous
avez donc oublié que je vous ai
demandé un cachemire?

— Je l'acheterai avec le premier
mois de mes appointements.......
Vous savez combien vous m'êtes
chère, Anaïs.

Ici, il se fit un instant de si-
lence; je ne pouvais revenir de la
surprise que me causait cette
aventure; je devins presque fu-
rieux, et je mourais d'envie de
mordre les jambes du fourbe que

j'avais d'abord jugé si favorable-
ment ; mais au moment où j'al-
lais sortir de ma cachette, le son
lointain d'une cloche se fit entendre.

« Ma chère amie, dit l'homme,
aux *heures dorées sur tranche* ,
c'est aujourd'hui samedi, j'entends sonner les secondes vêprés.,
Un dernier baiser et j'y cours. » A
ces mots, il sortit ; je le suivis de
nouveau , et , comme j'arrivais
dans le petit jardin , je vis un
jeune homme à demi-nu qui en
escaladait les murs. ⹀ Quelle
turpitude ! quelle infâmie ! m'é-
criais-je en parcourant de nou-

veau les allées des Champs-Elysées...... Ah ! malheureux Nain !
que n'es-tu aux Antipodes !......
Mais , hélas ! la corruption a pé-
nétré partout; elle a fait le tour
du globe, et les hommes qui pa-
raissent le plus vertueux , sont
précisément les plus pervers ;
leur lèpre morale est couverte
d'un vernis hypocrite.... C'eût été
fait du genre humain, si de sages
lois et de fortes et bonnes insti-
tutions n'y mettaient bon ordre.

» Ces déclamations et le grand
air me calmèrent peu à peu ;
je me trouvais de nouveau au milieu de femmes charmantes, de

jeunes gens dont le visage respirait la gaîté : deux de ces derniers marchaient devant moi ; ils parlaient avec feu, et, l'âme encore ulcérée de la scène dont j'avais été témoin dans la petite maison, je prêtai l'oreille, espérant que des pensées généreuses, exprimées avec chaleur, me dédommageraient.

« Pourquoi l'as-tu fait poignarder si promptement ? disait l'un.

— Mon ami, il le fallait ; je ne pouvais réussir sans cela... ... je n'aurais jamais atteint au but..

— A la bonne heure ; mais encore faut-il un prétexte....

— C'était un tyran....»

Ces premiers mots m'effrayèrent ;
je tournai la tête, et je vis près
de moi un homme de mauvaise
mine ; il tenait une grosse canne
sous son bras, un crayon d'une
main, des tablettes de l'autre ; il
écoutait les deux interlocuteurs,
suivait tous leurs mouvements,
et je reconnus qu'il écrivait leur
conversation. Il ne m'en fallut pas
davantage pour me faire deviner
la profession de cet homme ; mais
cette découverte ne me donna

point d'humeur. Cet homme, me
dis-je, va rendre service à la so-
ciété en la purgeant d'un grand
coupable..... Et, voulant voir la
fin de tout cela, j'écoutai de nouveau avec la plus grande attention.

— Je suis persuadé, mon ami,
qu'il était plus convenable de
l'empoisonner.

— C'était mon intention d'a-
bord; mes amis ne l'ont pas
voulu.....

— Et tu as fait une chûte?

— C'est ce maudit coup de

poignard qui en est cause ; mais
tout n'est pas désespéré : j'ai
passé une partie de la nuit à réflé-
chir sur ce point. »

A mesure que ces jeunes gens
parlaient , je sentais mes cheveux
se dresser ; un mouvement
d'horreur agitait tous mes mem-
bres ; je regardai de nouveau
l'homme au gros bâton : il écrivait toujours, et cela me rassura ;
il ne faut pas désespérer de la so-
ciété, me dis-je , puisque les mé-
chants sont si bien observés.

« Je crois, mon cher, que tu

feras bien de supprimer le qua-
trième acte tout entier. . . »

A ces mots, je faillis éclater de
rire ; car il n'était plus possible
d'en douter : ces grands criminels
étaient, tout simplement, des
auteurs dramatiques. Je regardai de nouveau l'espion, il écrivait toujours : je m'approchai de
lui, et, lui frappant sur le genou
pour attirer son attention :
«Monsieur, lui dis-je, vous n'avez
donc pas tout entendu?

— Moi ! j'entends tout ce que
je veux

— Et vous avez écrit. . . . .

— Tout ce que j'ai entendu.

— Il s'agissait....

— D'une conspiration , je le sais bien.

— Comme vous, j'ai d'abord cru cela; mais les dernières phrases montrent assez qu'il n'est question que d'une tragédie.

— Voilà de ces choses que je ne me mêle jamais d'entendre : il me suffit d'avoir saisi la conspiration.

— Mais je vous répète qu'il ne s'agit que d'une tragédie.

— Je ne m'occupe pas de ces choses-là.

— Ces jeunes gens ne sont pas coupables.

— Tant pis pour eux ; que ne l'expliquaient-ils clairement.

— Ils parlaient d'une pièce tombée...

— Je ne dis pas le contraire ; mais mon rapport est fait.

— Eh ! jetez-le au feu.

— Oui dà ! et qui me paierait ?

Il y a deux heures que j'écris, et deux jours que je n'ai dénoncé.

— Mais votre maître....

— Il ne s'occupe pas de ces pécadilles.

— Il découvrira la fourberie.

— Il a bien autre chose à faire.

— Il ne s'occupe donc pas de son administration ?

— Et le Jubilé !

— Mais la sûreté des ci-
toyens ?

— Mont-Rouge n'y regarde
pas de si près.

— Je ne suis plus étonné que
les rues de Paris soient fan-
geuses.

— Mont-Rouge ne s'en plaint
pas.

— C'est infâme.

— Il n'y a pas loin d'ici au
premier poste.

— Vous êtes un misérable !....

— Halte là ! »

Aussitôt l'homme au rapport me saisit par le collet et m'entraîna au corps-de-garde. J'eus beau protester de mon innocence, tout cela ne servit à rien ; ma faible voix étant incessamment couverte par celle de mon adversaire qui criait comme un énergumène : il a insulté les agents de M. le préfet !.... Il a osé dire du mal de Mont-Rouge ! ..... Enfin il y a blasphême ; et le chef du poste ne concevant pas qu'un homme qui criait si fort pût avoir

tort, me mit au violon en atten-
dant mieux. Combien j'étais fou,
me dis-je alors, de croire que les
gens de bien étaient en majorité !
Hélas ! parmi les hommes, un
quart sont gens de bien, un quart
sont égoïstes, et les autres sont
fourbes et fripons.... Malheureux
Nain ! que de tribulations te sont
encore réservées ; te voilà en
prison, et tu en sortiras, Dieu
sait quand.... Lecteur, mon ami,
si je recouvre la liberté, tu auras
de mes nouvelles ; mais, hélas !
le malheur change bien les hommes, et le mal moral que j'en-
dure ne peut manquer d'avoir
beaucoup d'influence sur mon

physique; mes traits seront les mêmes, mais très-certainement je changerai de couleur. A bon entendeur, salut !.... Le sergent m'appelle, les menottes sont prêtes et le cachot m'attend....... Qui vivra verra.

FIN.

9 782012 182974